Impressum
Verlag: BABADADA GmbH, Nedderfeld 112 , 22529 Hamburg
Geschäftsführer / Verlagsleitung: Harald Hof
Druck: Books on Demand GmbH, In de Tarpen 42, 22848 Norderstedt

Imprint
Publisher: BABADADA GmbH, Nedderfeld 112 , 22529 Hamburg, Germany
Managing Director / Publishing direction: Harald Hof
Print: Books on Demand GmbH, In de Tarpen 42, 22848 Norderstedt, Germany

aji
классная комната

raba
делить

186/2

allo
доска

filin makaranta
школьный двор

malami
учитель

takarda
бумага

rubuta
писать

alkalami
ручка

babban teburi
письменный стол

rula
линейка

littafi
книга

dalibi
ученик

jakar makaranta
ранец

gidan fensir
пенал

fensir
карандаш

abin fike fensir
точилка

kilina
ластик

kwalin zane
альбом для рисования

zane

рисунок

burushin fenti

кисточка

gwangwanin fenti

коробка красок

almakashi

ножницы

gam

клей

littafi aiki

тетрадь

aikin gida

домашняя работа

lamba

цифра

kara

прибавлять

debe

вычитать

yi sau

умножать

kwakuleta

считать

wasika

буква

harafi

алфавит

kalma

слово

rubutu

текст

karanta

читать

alli

мел

darasi

урок

rijista

классный журнал

jarabawa

экзамен

satifiket

диплом

kayan makaranta

школьная форма

ilimi

образование

kundin ilimi

энциклопедия

jami'a

университет

madubin kimiyya

микроскоп

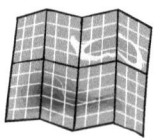

taswira

карта

kwandon shara

корзина для бумаг

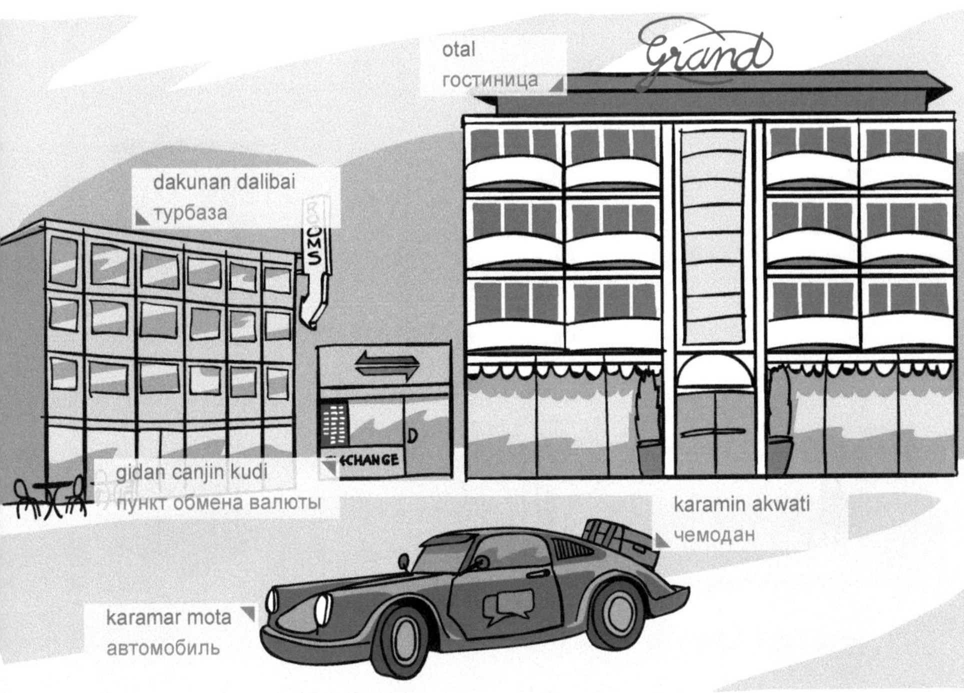

otal
гостиница
Grand
dakunan dalibai
турбаза
ROOMS
gidan canjin kudi
пункт обмена валюты
karamin akwati
чемодан
karamar mota
автомобиль

yare
....
язык

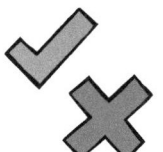

e/a'a
....
да / нет

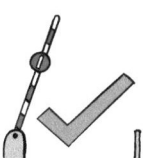

Ya yi
....
хорошо

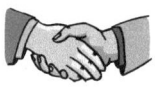

barka dai
....
Привет

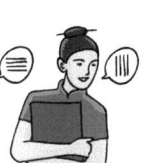

mai fassara
....
переводчик

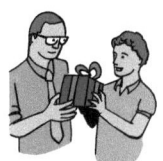

Na gode
....
Спасибо

nawa ne…?

Сколько стоит…?

ban gane ba

Я не понимаю

matsala

проблема

Barka da yamma!

Добрый вечер!

Ina kwana!

Доброе утро!

barka da dare!

Доброй ночи!

sai an jima

До свидания

alkibla

направление

kaya

багаж

jaka

сумка

jakar goyawa

рюкзак

bako

гость

daki

комната

jakar barci

спальный мешок

tanti

палатка

bayanin dan yawon bude-ido

туристическая информация

bakin ruwa

пляж

katin banki

кредитная карточка

karin kumallo

завтрак

abincin rana

обед

abincin dare

ужин

tikiti

билет

daga

лифт

hatimi

почтовая марка

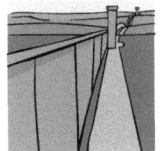

iyaka

граница

kudin fiton kaya

таможня

ofishin jakadanci

посольство

biza

виза

fasfo

паспорт

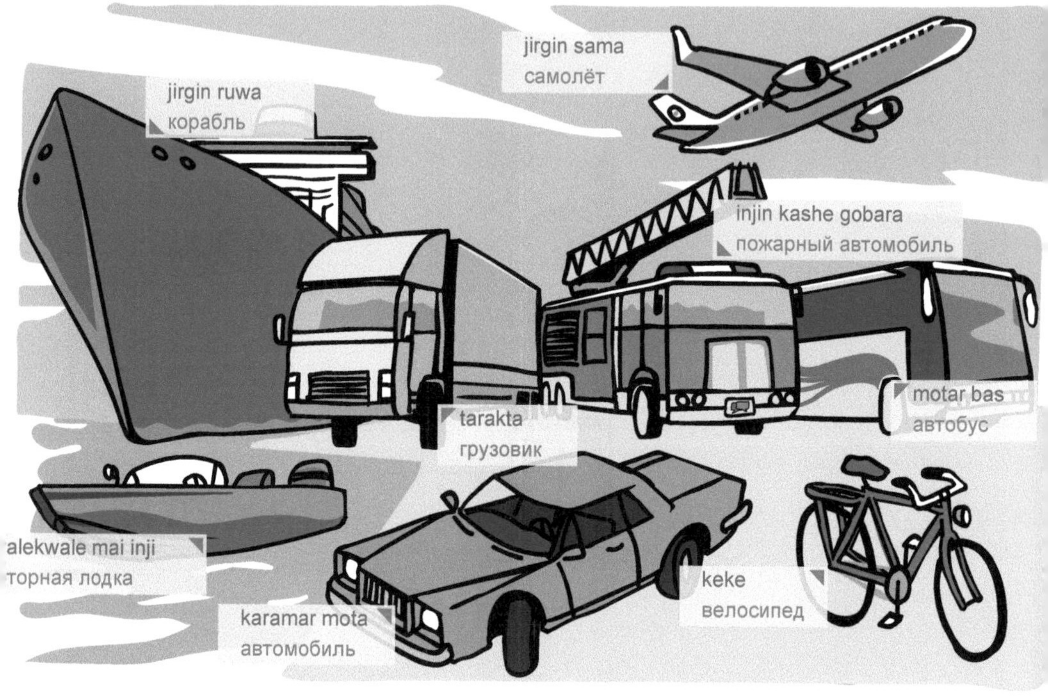

jirgin sama
самолёт

jirgin ruwa
корабль

injin kashe gobara
пожарный автомобиль

motar bas
автобус

tarakta
грузовик

alekwale mai inji
торная лодка

keke
велосипед

karamar mota
автомобиль

karamin jirgin ruwa

паром

kwalekwale

лодка

babur

мотоцикл

motar 'yansanda

полицейский автомобиль

motar tsere

гоночный автомобиль

motar haya

арендованный
автомобиль

tarayyar karamar mota

совместное пользование
автомобилями

babbar mota da ta lalace

буксировочный
автомобиль

motar shara

мусоровоз

mota

двигатель

mai

топливо

gidan mai

заправка

alamar titi

дорожный знак

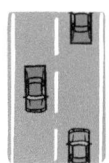

zirga-zirga

движение

cunkoson ababen hawa

пробка

wurin ajiye mota

автостоянка

tashar jirgin kasa

вокзал

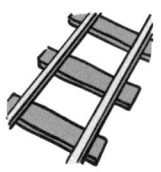

filin tsere

рельсы

jirgin kasa

поезд

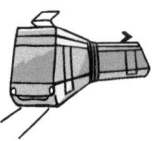

jirgin kasa mai kyabil

трамвай

keken doki

вагон

helikwafta

вертолёт

filin jirgin sama

аэропорт

hasumiya

вышка

fasinja

пассажир

mazubi

контейнер

kwali

коробка

amalanke

тележка

kwando

корзина

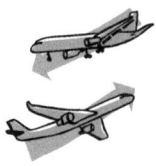

tashi / sauka

взлетать / приземляться

город

kauye

деревня

tsakiyar birni

центр города

gida

дом

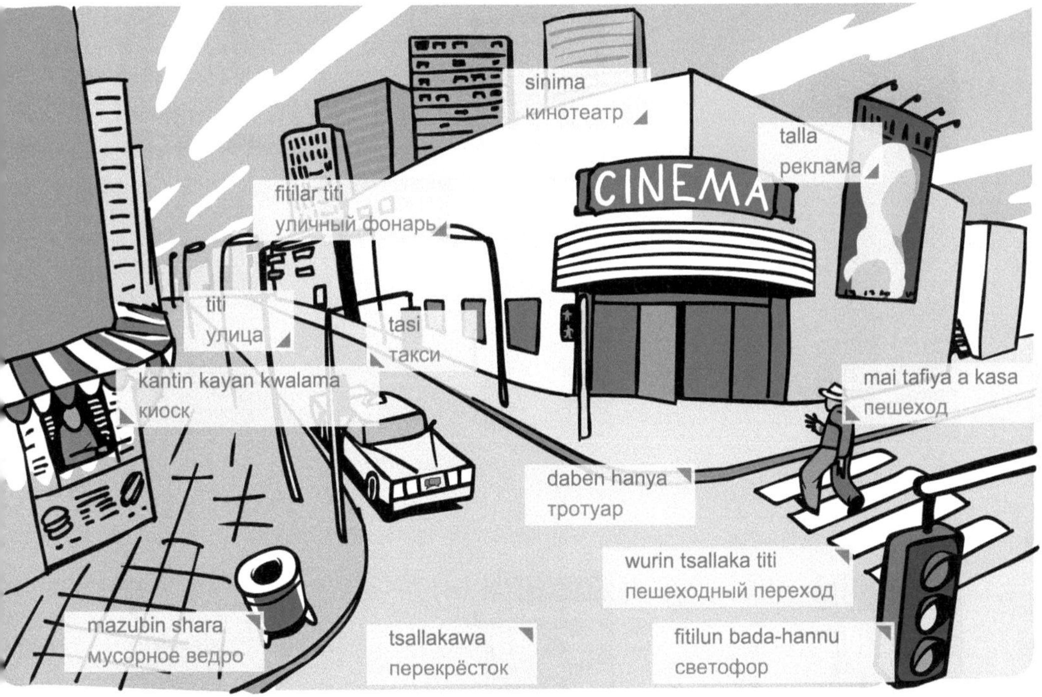

sinima
кинотеатр

talla
реклама

fitilar titi
уличный фонарь

titi
улица

tasi
такси

kantin kayan kwalama
киоск

mai tafiya a kasa
пешеход

daben hanya
тротуар

wurin tsallaka titi
пешеходный переход

mazubin shara
мусорное ведро

tsallakawa
перекрёсток

fitilun bada-hannu
светофор

CINEMA

bukka

хижина

shafaffe

квартира

tashar jirgin kasa

вокзал

dakin taro

ратуша

gidan kayan tarihi

музей

makaranta

школа

birni - город

11

jami'a

университет

banki

банк

asibiti

больница

otal

гостиница

kantin magani

аптека

ofis

офис

kantin littattafai

книжный магазин

kanti

магазин

mai sayar da furanni

цветочный магазин

babban kanti

супермаркет

kasuwa

рынок

kanti mai sassa

универмаг

shagon sayar da kifi

торговец рыбой

wurin sayayya

торговый центр

matsayar jiragen ruwa

порт

ma'ajiyar motoci

парк

benci

скамейка

gada

мост

kafar bene

лестница

karkashin kasa

метро

ramin karkashin kasa

тоннель

matsayar bas

автобусная остановка

mashaya

бар

gidan abinci

ресторан

akwatin sakonni

почтовый ящик

alamar titi

табличка с названием
улицы

mitar ajiye motoci

паркометр

gidan namun daji

зоопарк

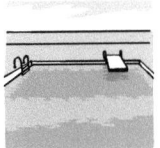

kwamin iyo

бассейн

masallaci

мечеть

gona

ферма

gurbata

загрязнение окружающей среды

makabarta

кладбище

coci

церковь

filin wasanni

детская площадка

dakin bauta

храм

ландшафт

ganye
лист

turken alama
дорожный указатель

hanya
дорога

makiyaya
луг

dutse
камень

mai tattaki
путешественник

bishiy
дерев

korama
река

ciyawa
трава

fure
цветок

kwazazzabo
долина

tudu
гора

tafki
озеро

daji
лес

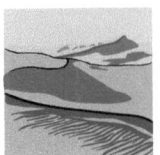

hamada
пустыня

amon dutse
вулкан

fada
замок

bakan-gizo
радуга

malafar jaki
гриб

bishiyar kwakwar manja
пальма

sauro
комар

kuda
муха

tururuwa
муравей

zuma
пчела

gizo
паук

burgunguma

жук

kwado

лягушка

kurege

белка

bushiya

еж

zomo

заяц

mujiya

сова

tsuntsu

птица

agwagwar ruwa

лебедь

aladen daji

кабан

namijin barewa

олень

kanki

лось

dam

плотина

lantarki mai iska

ветряной генератор

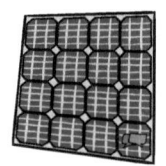

farantin hasken rana

солнечная батарея

yanayi

климат

fadin kasa - ландшафт

sabis
официант

jerin abinci
меню

kujera
стул

miya
суп

fiza
пицца

wuka da cokula
столовые приборы

kyallen rufe tuburi
скатерть

makunni
закуска

babban abinci
главное блюдо

kayan zaki
десерт

kayan sha
напитки

abinci
еда

kwalba
бутылка

abincin tafi-da-gidanka

фастфуд

abincin titi

уличная еда

tukunyar shayi

чайник

kwanon sikari

сахарница

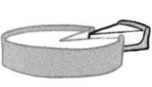

gutsire

порция

injin hada kofi

кофеварка

kujera mai tudu

детский стульчик

doka

счет

tire

поднос

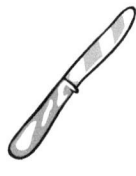

wuka

нож

cokali mai yatsu

вилка

cokali

ложка

cokalin shayi

чайная ложка

kyallen cin abinci

салфетка

gilashi

стакан

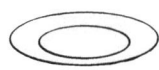

faranti

тарелка

farantin miya

суповая тарелка

farantin kofi

блюдце

hadin dandano

соус

mazubin gishiri

солонка

abin nikan yaji

мельница для перца

lamurje

уксус

mai

масло

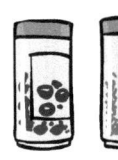

kayan dandano

специи

miyar tumatir

кетчуп

mustad

горчица

mayonnaise

майонез

супермаркет

tayin musamman
специальное предложение
FOR
abokin ciniki
покупатель
matatsar nono
молочные продукты
kayan marmari
фрукты
abin daukar kaya
тележка для покупок

BUTCHERS

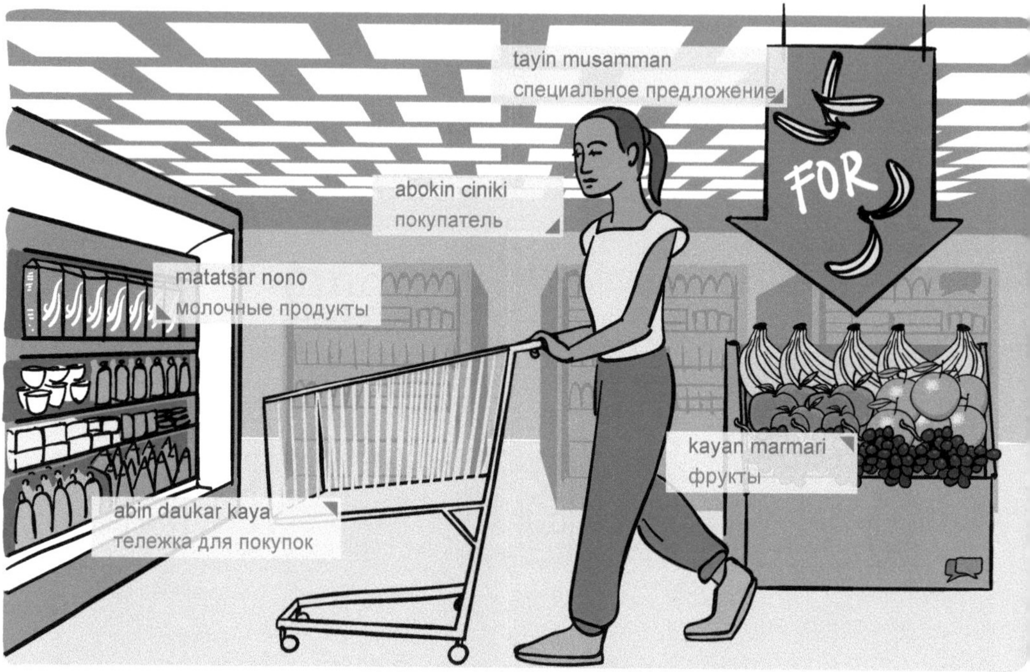

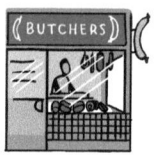

na mahauci

мясной магазин

BAKERY

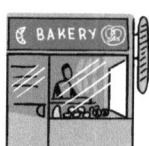

shagon mai burodi

пекарня

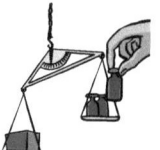

auna nauyi

взвешивать

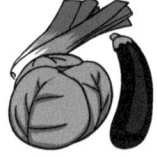

kayan lambu

овощи

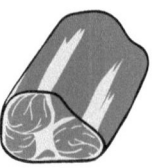

nama

мясо

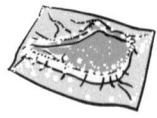

darkararren abinci

быстрозамороженные продукты

nama mai sanyi

нарезка

abincin gwangwani

консервы

garin sabulun wanki

стиральный порошок

alewa

сладости

kayan amfanin gida

предмет домашнего обихода

kayan tsafta

моющее средство

mai sayarwa

продавщица

haro

касса

mai biyan kudi

кассир

jerin kayan sayayya

список покупок

sa'o'in budewa

время работы

alabe

бумажник

katin banki

кредитная карточка

jaka

сумка

jakar roba

полиэтиленовый пакет

ruwa

вода

ruwan 'ya'yan itace

сок

madara

молоко

coke

кока-кола

barasa

вино

giya

пиво

barasa

алкоголь

koko

какао

shayi

чай

kofi

кофе

bakin kofi

эспрессо

kofi mai madara

капучино

ayaba

банан

tufa

яблоко

lemon zaki

апельсин

kankana

арбуз

lemon tsami

лимон

karas

морковь

tafarnuwa

чеснок

gora

бамбук

albasa

лук

kunnen-jaki

гриб

dangin gyada

орехи

dangin taliya

лапша

sufageti

спагетти

shinkafa

рис

man salak

салат

sala-sala

картофель фри

soyayyen dankali

жареный картофель

fiza

пицца

hambaga

гамбургер

sanwich

сэндвич

kwan nama

шницель

naman alade

ветчина

salami

салями

kilishin turawa

колбаса

kaza

курица

gashi

жаркое

kifi

рыба

kamun oats

овсяные хлопья

muesli

мюсли

kwamfiles

кукурузные хлопья

fulawa

мука

fanke

круассан

yankan burodi

булочка

burodi

хлеб

gashi

тост

biskit

печенье

bota

масло

man shanu

творог

kek

пирог

kwai

яйцо

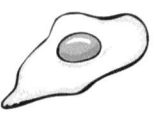

soyayyen kwai

яичница

cuku

сыр

askirim

мороженое

sikari

сахар

zuma

мёд

jam

мармелад

cakuletin shafawa

крем с нугой

kori

карри

gidan gona
крестьянский дом

damin karmami
тюк из соломы

rumbu
сарай

fili
поле

doki
лошадь

tirela
прицеп

dan doki
жеребёнок

tarakta
трактор

jaki
осёл

tumaki
овца

dan tunkiya
ягнёнок

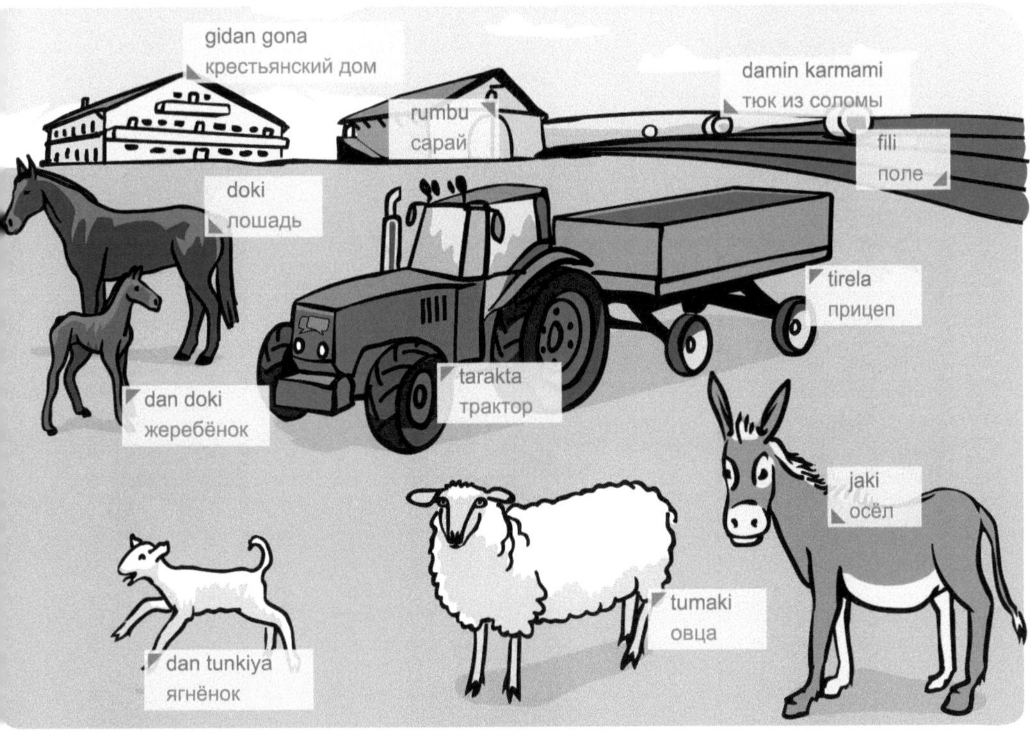

akuya

коза

saniya

корова

maraki

телёнок

alade

свинья

dan alade

поросёнок

bajimi

бык

dinya

гусь

agwagwa

утка

dan tsako

цыплёнок

kaza

курица

zakara

петух

bera

крыса

kyanwa

кошка

bera

мышь

takarkari

вол

kare

собака

dakin kare

конура

bututun lambu

садовый шланг

bokitin ban-ruwa

лейка

ashasha

коса

garma

плуг

lauje

серп

fartanya

мотыга

cebur mai yatsu

навозные вилы

gatari

топор

wilbaro

тачка

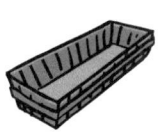

mazubin abincin dabbobi

корыто

gwangwanin madara

бидон для молока

buhu

мешок

shinge

забор

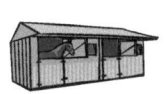

barga

хлев

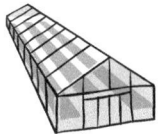

koren-gida

теплица

rairai

почва

iri

посев

taki

удобрение

injin girbi da sussuka

комбайн

girbe

собирать урожай

girbi

урожай

doya

ямс

alkama

пшеница

waken soya

соя

dankali

картофель

dawa

кукуруза

furen mai

рапс

bishiyar kayan marmari

фруктовое дерево

rogo

маниок

hatsi

злаки

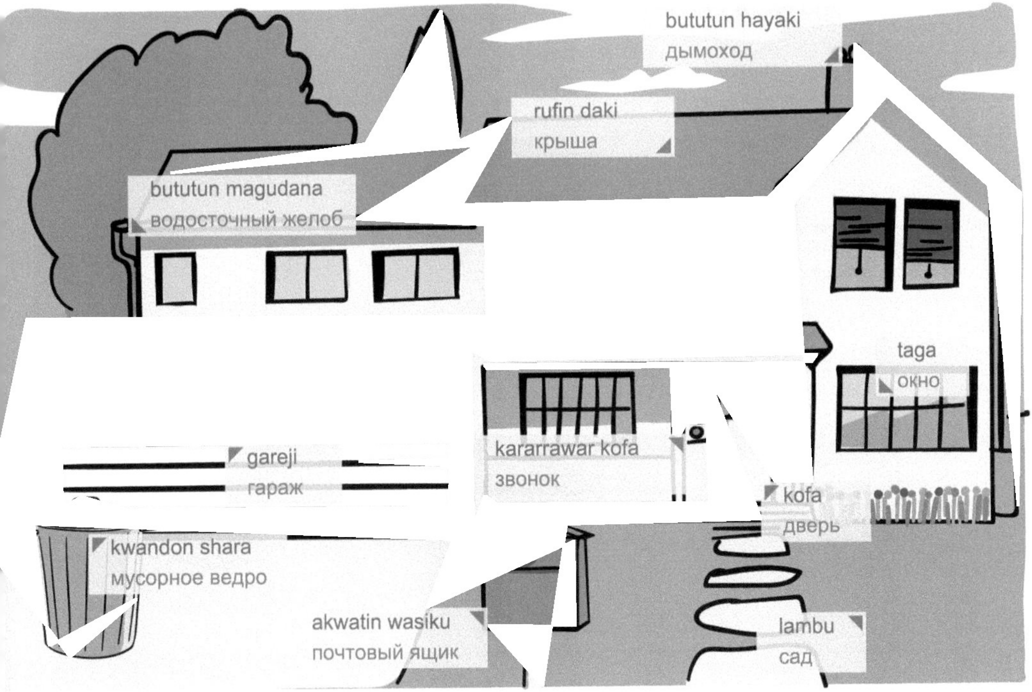

bututun hayaki
дымоход

rufin daki
крыша

bututun magudana
водосточный желоб

taga
окно

kararrawar kofa
звонок

gareji
гараж

kofa
дверь

kwandon shara
мусорное ведро

akwatin wasiku
почтовый ящик

lambu
сад

falo

гостиная

dakin wanka

ванная комната

kicin

кухня

dakin kwana

спальня

dakin yaro

детская комната

dakin cin abinci

столовая

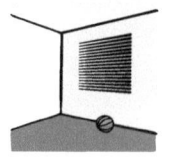

dabe

пол

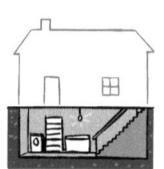

bango

стена

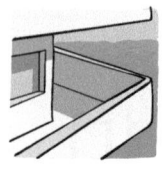

sili

потолок

dakin karkashin kasa

подвал

wurin wankan dumi

сауна

barandar bene

балкон

baranda

терраса

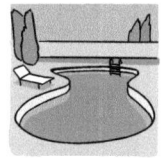

gulbin ninkaya

бассейн

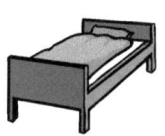

injin yanke ciyawa

газонокосилка

kwano

пододеяльник

zanen gado

покрывало

gado

кровать

tsintsiya

метла

bokiti

ведро

makunni

выключатель

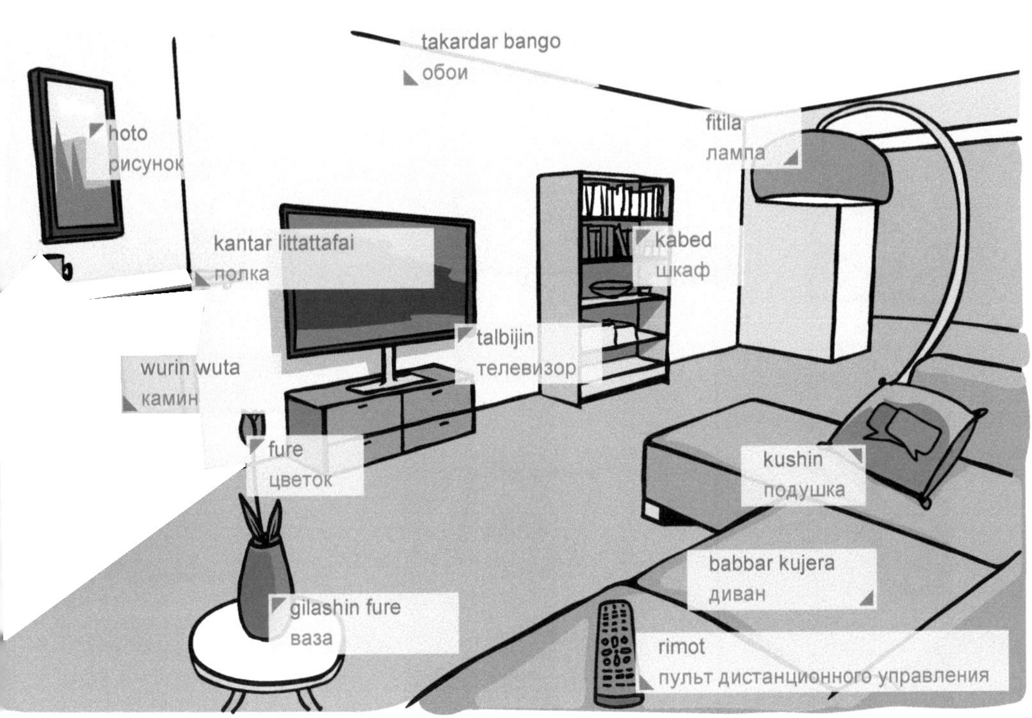

takardar bango
обои

fitila
лампа

hoto
рисунок

kantar littattafai
полка

kabed
шкаф

talbijin
телевизор

wurin wuta
камин

fure
цветок

kushin
подушка

gilashin fure
ваза

babbar kujera
диван

rimot
пульт дистанционного управления

darduma
....
ковёр

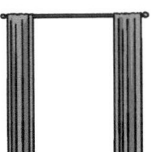

labule
....
штора

teburi
....
стол

kujera
....
стул

kujera mai shillo
....
кресло-качалка

kujera mai hannu
....
кресло

littafi

книга

bargo

покрывало

kwalliya

украшение

itacen girki

дрова

fim

фильм

kayan hi-fi

стереосистема

makulli

ключ

jarida

газета

zanen fenti

картина

fasta

плакат

rediyo

радио

takardar rubutu

блокнот

na'urar share darduma

пылесос

murtsunguwa

кактус

kyandir

свеча

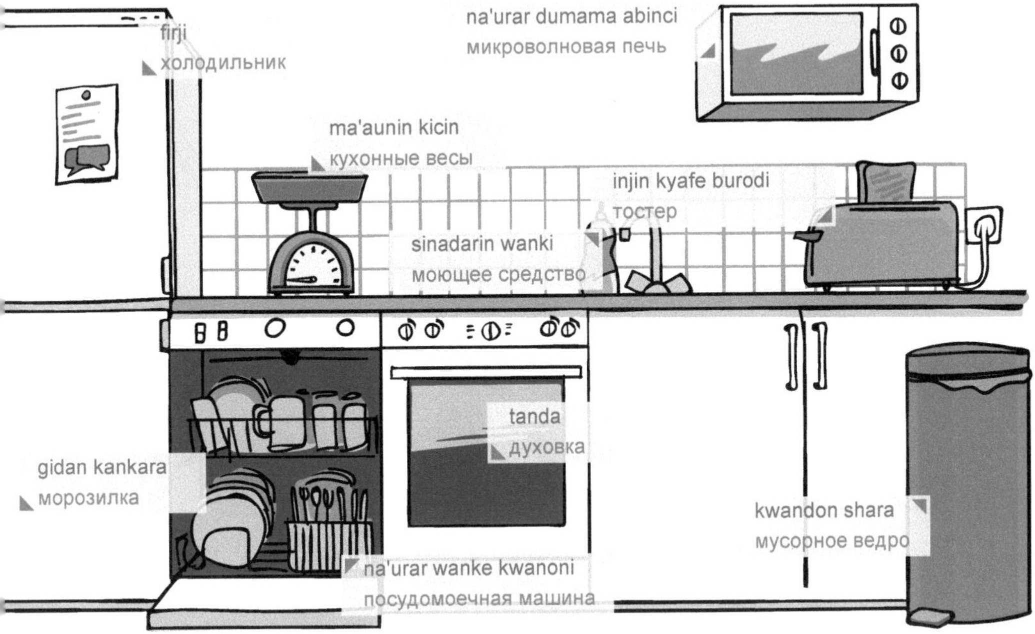

na'urar dumama abinci
микроволновая печь

firji
холодильник

ma'aunin kicin
кухонные весы

injin kyafe burodi
тостер

sinadarin wanki
моющее средство

tanda
духовка

gidan kankara
морозилка

kwandon shara
мусорное ведро

na'urar wanke kwanoni
посудомоечная машина

cooker
плита

tukunya
кастрюля

tukunyar alminiyum
чугунный котелок

kwanon suya
вок / кадай

kwanan suya
сковорода

buta
чайник

tukunyar dumi

пароварка

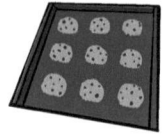

kwanan gashi

противень

kayan tangaran

посуда

tambulan

кружка

kwano

миска

tsinkayen cin abinci

палочки для еды

ludayi

половник

ludayin suya

лопатка

makadin kwai

сбивалка

rariya

сито

mataci

сито

na'urar nika

тёрка

turmi

ступка

balangu

гриль

wutar sarari

костёр

katakon yanke-yanke

доска

katakon murji

скалка

mabudin kwalba

штопор

gwangwani

жестяная банка

mabudin gwangwani

консервный нож

hannun tukunya

прихватка

wurin wanke-wanke

раковина

burushi

щетка

soso

губка

bilenda

миксер

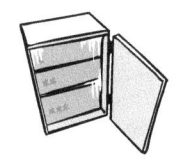

babban gidan kankara

морозильная камера

bulumboti

бутылочка для кормления

famfo

кран

ванная комната

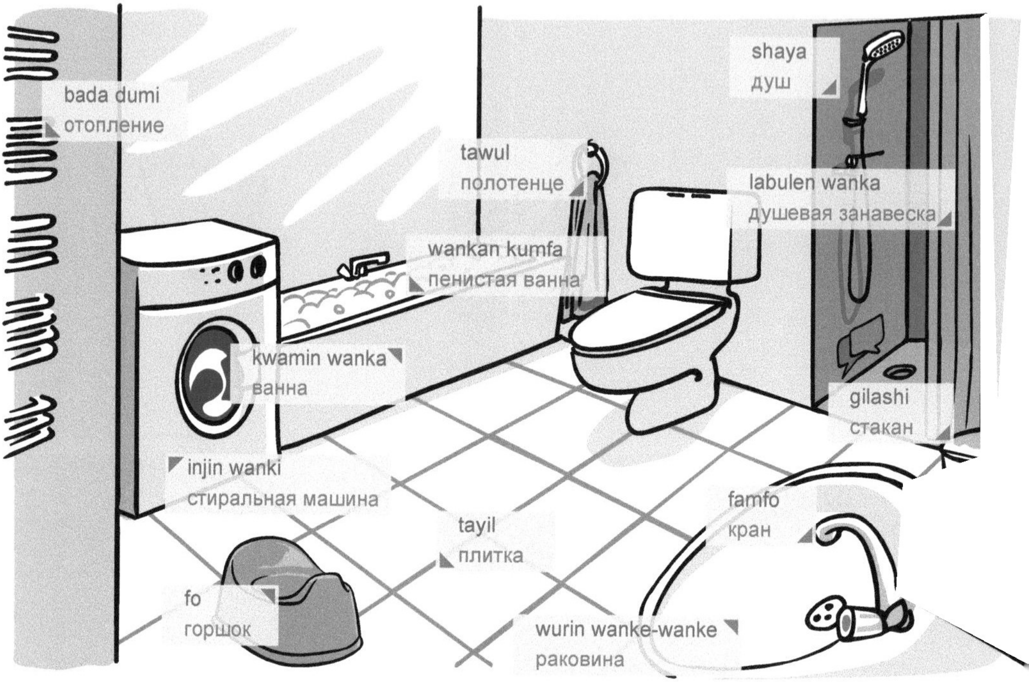

bada dumi
отопление
tawul
полотенце
shaya
душ
labulen wanka
душевая занавеска
wankan kumfa
пенистая ванна
kwamin wanka
ванна
gilashi
стакан
injin wanki
стиральная машина
famfo
кран
tayil
плитка
fo
горшок
wurin wanke-wanke
раковина

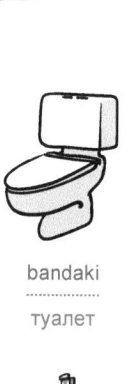

bandaki

туалет

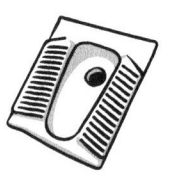

bandakin tsuguno

напольный унитаз

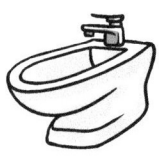

kwamin tsarki

биде

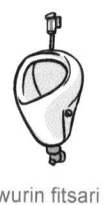

wurin fitsari

писсуар

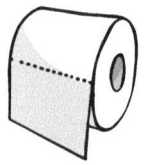

takardar bandaki

туалетная бумага

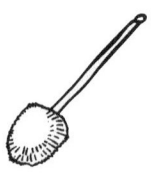

burushin bandaki

ершик

burushin hakori

зубная щётка

man hakori

зубная паста

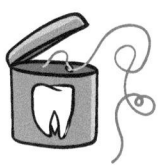

zaren sakace

зубная нить

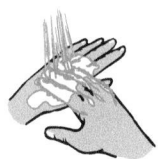

wanke

мыть

shayar hannu

ручной душ

wankin farji

интимный душ

kwamin wanke hannu

таз

burushin wanke baya

щётка для спины

sabulu

мыло

ruwan sabulun wanka

гель для душа

man gyaran gashi

шампунь

tsumman wanka

мочалка

lambatu

сток

kirim

крем

turaren kamshi

дезодорант

madubi

зеркало

madubin hannu

ручное зеркало

reza

бритва

man yaran fuska

пена для бритья

man aski

лосьон после бритья

mataji

расческа

burushi

щетка

na'urar busar da gashi

фен

man gashi

лак для волос

kwalliya

косметика

jan-baki

губная помада

man farce

лак для ногтей

audugar goge kunne

вата

almakashin yankan farce

маникюрные ножницы

turare

духи

jakar wanka

косметичка

bahaya

табуретка

ma'aunin nauyi

весы

rigar wanka

халат

safar roba

резиновые перчатки

audugar haila

тампон

audugar mata

гигиеническая прокладка

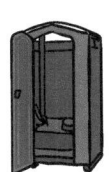

bandakin tafi-da-gidanka

биотуалет

детская комната

agogo mai kararrawa
будильник
yartsanar tsumma
мягкая игрушка
motar wasan yara
игрушечный автомобиль
kara
погремушка
gidan 'yartsana
кукольный домик
kyauta
подарок

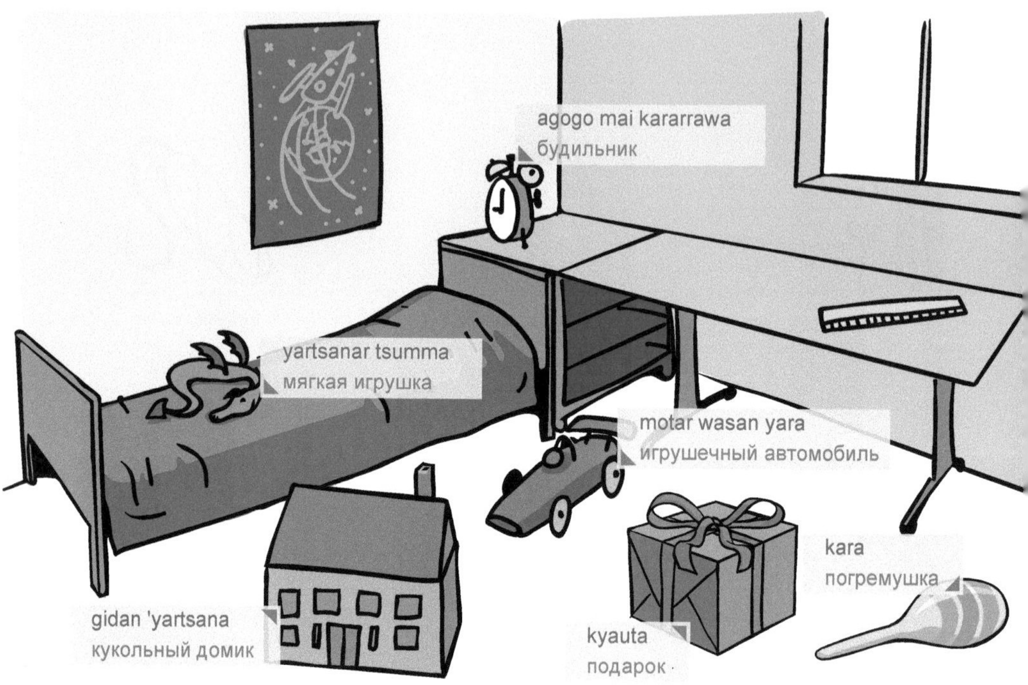

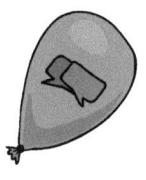

balo

воздушный шар

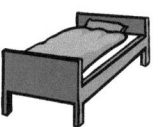

gado

кровать

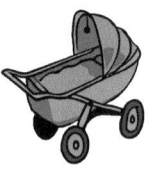

keken jarirai

детская коляска

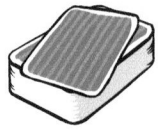

benen kwalaye

карточная игра

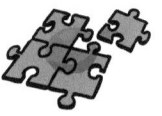

wasa kwakwalwa

пазл

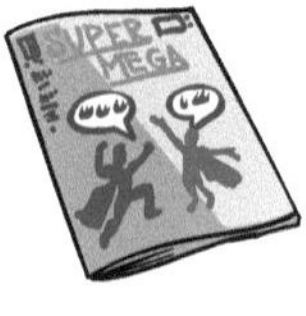

ban dariya

комикс

tubalan roba

кирпичики Лего

tubalan gini

кубики

mutum-mai-aiki

игрушечная фигурка

rigar jariri

ползунки

Dokin iska

фрисби

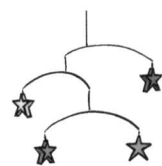

tafi-da-gidanka

мобиле

wasan dara

настольная игра

dan ludo

кубик

zubin kwatancin jirgin kasa

модель железной дороги

mutum-mutumi

соска

walima

вечеринка

littafi mai hotuna

книга с картинками

kwallo

мяч

yartsana

кукла

yi wasa

играть

akwatin yashi

песочница

lilo

качели

kayan wasan yara

игрушка

allon wasannin bidiyo

игровая приставка

babur mai taya uku

трёхколесный велосипед

yartsanar tsumma

плюшевый медвежонок

wadirob

шкаф для одежды

одежда

safa

носки

sitokins

чулки

matse-jiki

колготки

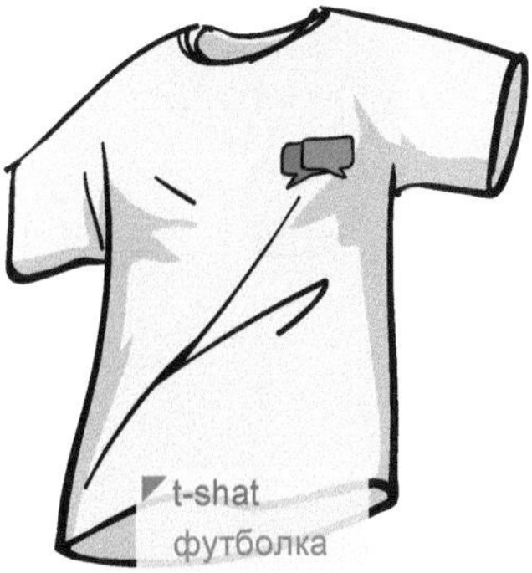

adiko
шарф

belet
ремень

lema
зонтик

t-shat
футболка

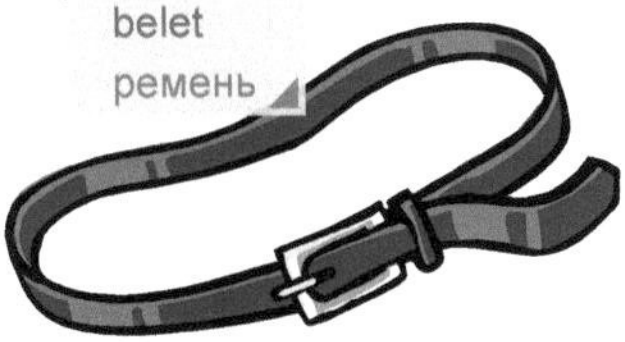

takalman wasa
кроссовки

takalman aiki
сапоги

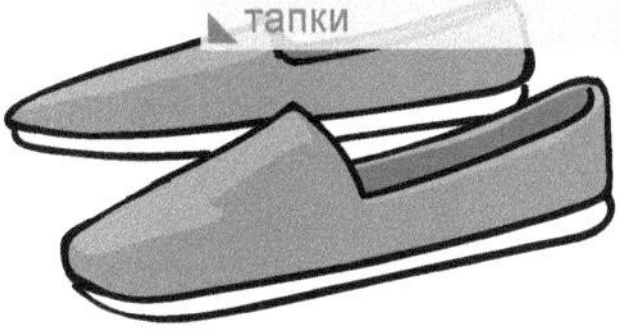

takalman silifas
тапки

takalman sandal
....
сандалии

takalma
....
ботинки

takalman roba
....
резиновые сапоги

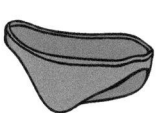

kamfai
....
трусы

rigar nono
....
бюстгальтер

falmaran
....
майка

jiki

боди

wando

брюки

jeans

джинсы

dantofi

юбка

rigar mata

блузка

karamar riga

рубашка

riga mai hula

свитер

hular riga

свитер

bileza

спортивная куртка

jaket

жакет

kwat

пальто

rigar ruwa

плащ

kayan yayi

костюм

kayan sawa

платье

rigar aure

свадебное платье

kwat da wando

мужской костюм

rigar dare

ночная сорочка

kayan barci

пижама

sari

сари

dankwali

платок

rawani

тюрбан

hijabi

паранджа

kaftani

кафтан

abaya

абайя

rigar iyo

купальник

wandon wasa

плавки

gajeran wando

шорты

kayan wasanni

спортивный костюм

kyallen aiki

фартук

safar hannu

перчатки

maballi

пуговица

tabarau

очки

awarwaro

браслет

tsakiya

цепочка

zobe

кольцо

dan kunne

серьга

hula

шапка

maratayin kwat

вешалка

malafa

шляпа

lakataya

галстук

zi

застежка молния

hular kwano

шлем

masu daidaita hakori

подтяжки

kayan makaranta

школьная форма

yunifom

форма

kyallen cin abincin jariri

детский нагрудник

mutum-mutumi

соска

kunzugu

подгузник

saba
сервер

kabed din fayiloli
канцелярский шкаф

na'urar dab'i

fuskar kwamfuta
монитор

takarda
бумага

babban teburi
письменный стол

mouse
мышь

allon madannai

kwandon shara
корзина для бумаг

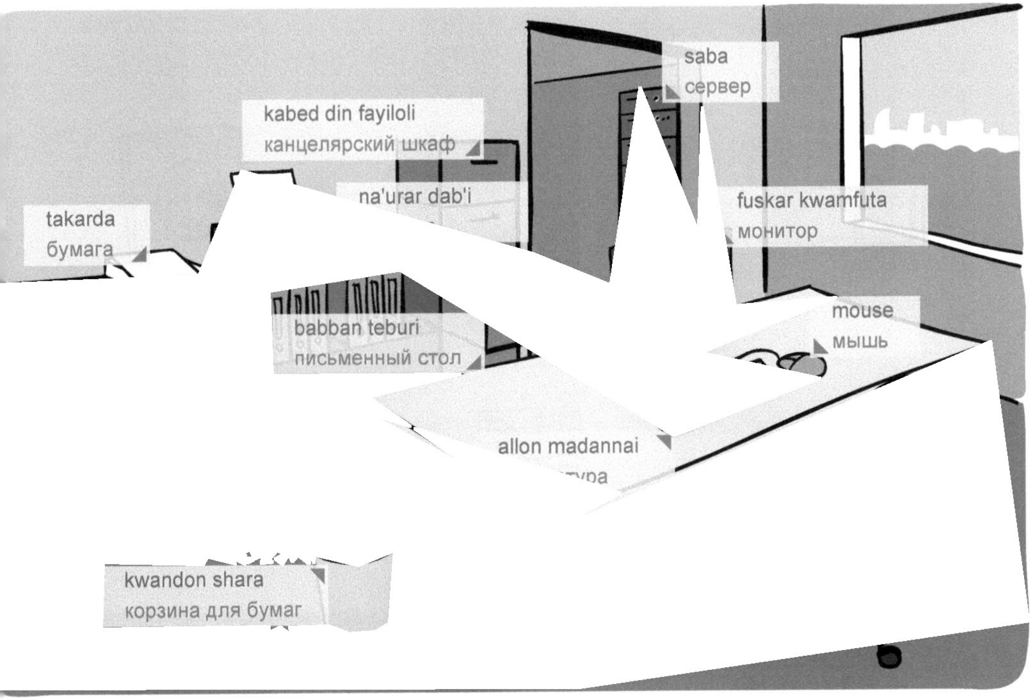

tambulan kofi

кофейная кружка

kwakuleta

калькулятор

intanet

интернет

laptop

ноутбук

wasika

письмо

sako

сообщение

tafi-da-gidanka

мобильный телефон

sadarwa

сеть

na'urar hoton takarda

ксерокс

kwakwalwar kwamfuta

программа

tarho

телефон

jona soket

розетка

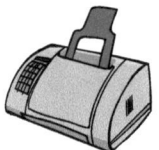

na'urar faks

факс

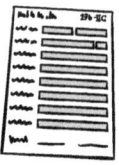

fom

формуляр

daftari

документ

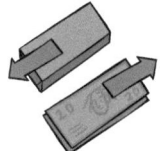

sayi

покупать

biya

платить

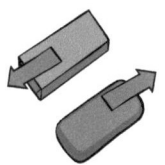

yi ciniki

торговать

kudi

деньги

dala

доллар

euro

евро

yen

иена

robul

рубль

franc na Swiss

франк

renminbi yuan

жэньминьби юань

rupee

рупия

injin bada kudi

банкомат

gidan canjin kudi

пункт обмена валюты

zinare

золото

azurfa

серебро

mai

нефть

makamashi

энергия

farashi

цена

matuntuba

договор

haraji

налог

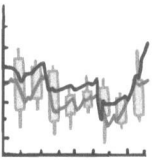

kaya

акция

yi aiki

работать

ma'aikaci

служащий

mai daukar ma'aikata

работодатель

masana'anta

фабрика

kanti

магазин

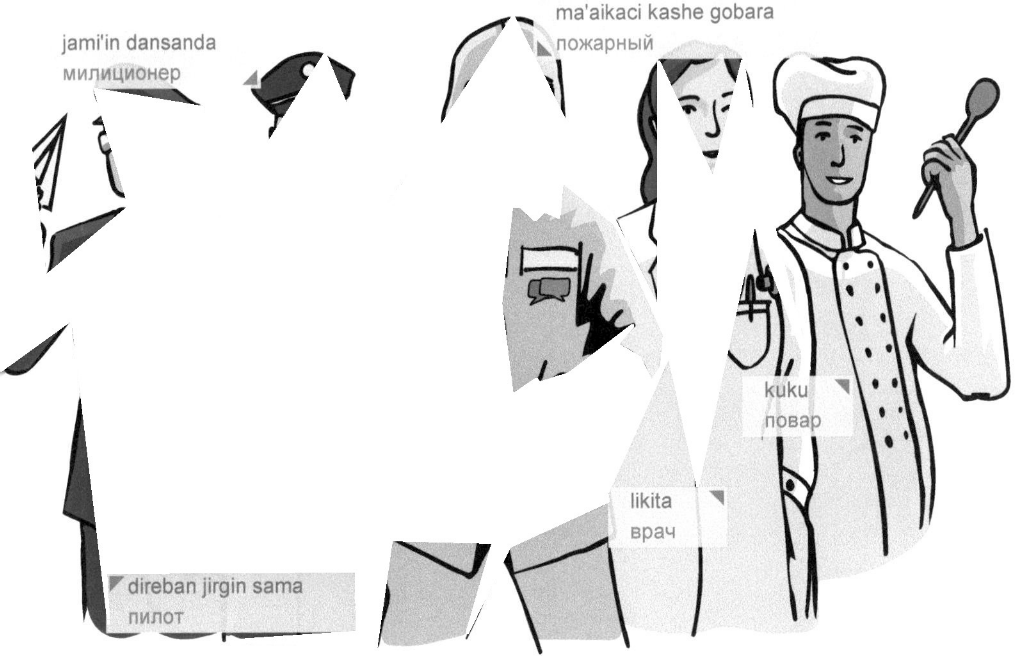

jami'in dansanda
милиционер

ma'aikaci kashe gobara
пожарный

kuku
повар

likita
врач

direban jirgin sama
пилот

mai aikin lambu

садовник

kafinta

столяр

mace mai dinki

швея

alkali

судья

mai hada magunguna

химик

jarumi

актёр

direban bas

водитель автобуса

direban tasi

таксист

masunci

рыбак

mace mai shara

уборщица

mai aikin rufi

кровельщик

sabis

официант

mafarauci

охотник

mai fenti

художник

mai yin burodi

пекарь

mai gyaran lantarki

электрик

magini

строитель

injiniya

инженер

mahauci

мясник

mai gyaran famfo

сантехник

mai raba wasiku

почтальон

soja

солдат

mai zayyanar gidaje

архитектор

mai biyan kudi

кассир

mai sayar da furanni

флорист

mai gyaran gashi

парикмахер

mai kida

кондуктор

bakanike

механик

kyaftin

капитан

likitan hakori

зубной врач

masanin kimiyya

ученый

limamin yahudu

раввин

liman

имам

mai ibadar kirista

монах

malamin addini

священник

инструменты

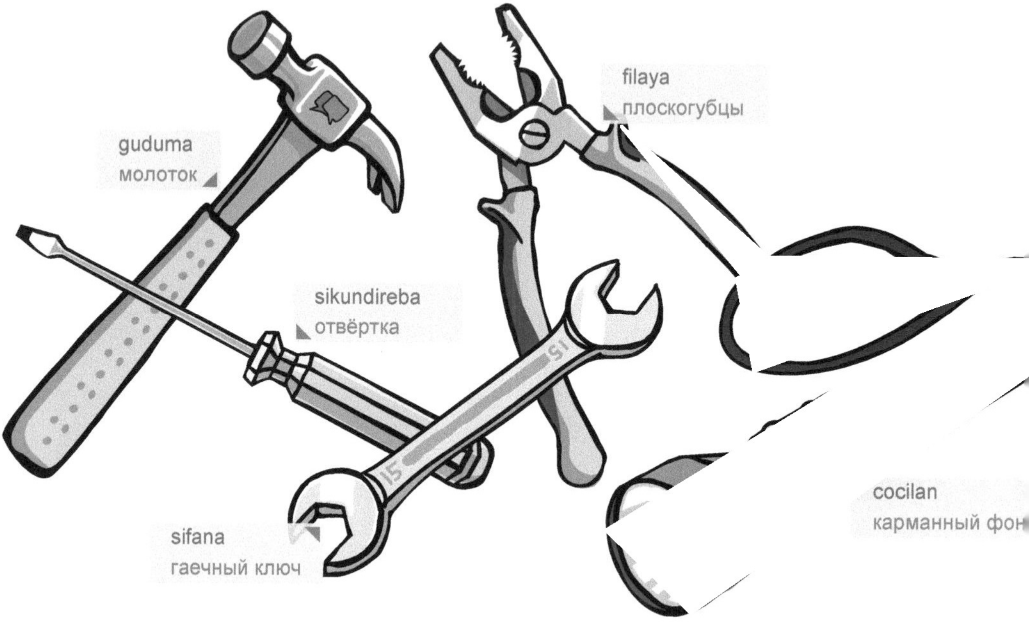

guduma
молоток

filaya
плоскогубцы

sikundireba
отвёртка

sifana
гаечный ключ

cocilan
карманный фон

diga

экскаватор

akwatin kayan aiki

ящик для инструментов

tsani

стремянка

zarto

пила

kusoshi

гвозди

abin hudawa

дрель

gyara

ремонтировать

chebur

лопата

Tafdi!

Блин!

makwashin shara

совок

tukunyar fenti

ведро с краской

kusoshi masu barima

винты

музыкальные инструменты

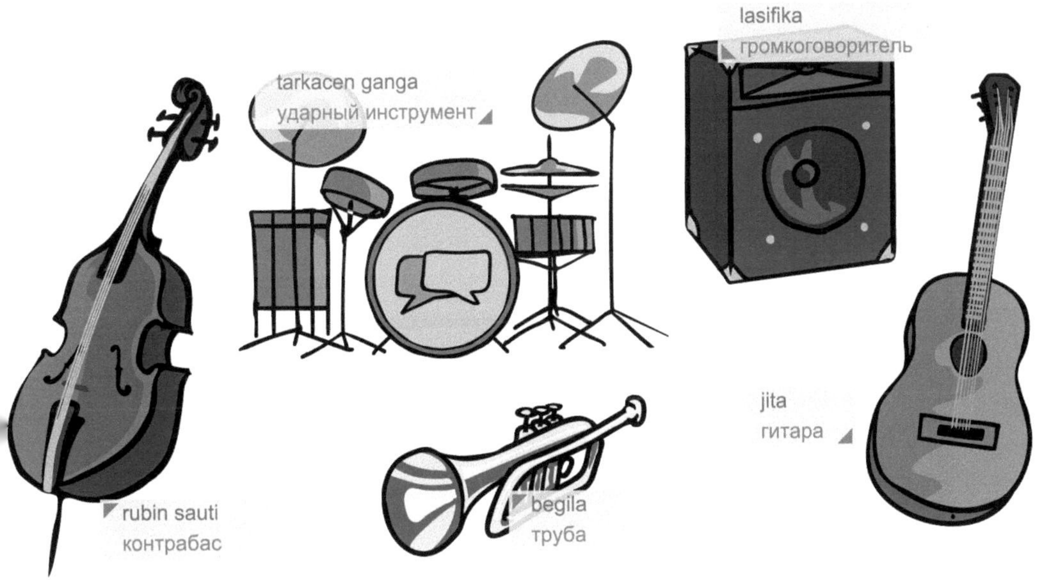

tarkacen ganga
ударный инструмент

lasifika
громкоговоритель

jita
гитара

rubin sauti
контрабас

begila
труба

fiyano

пианино

goge

скрипка

karamin sauti

бас-гитара

gangunan timpani

литавры

ganguna

барабан

masarrafin fiyano

синтезатор

saxophone

саксофон

sarewa

флейта

makirfo

микрофон

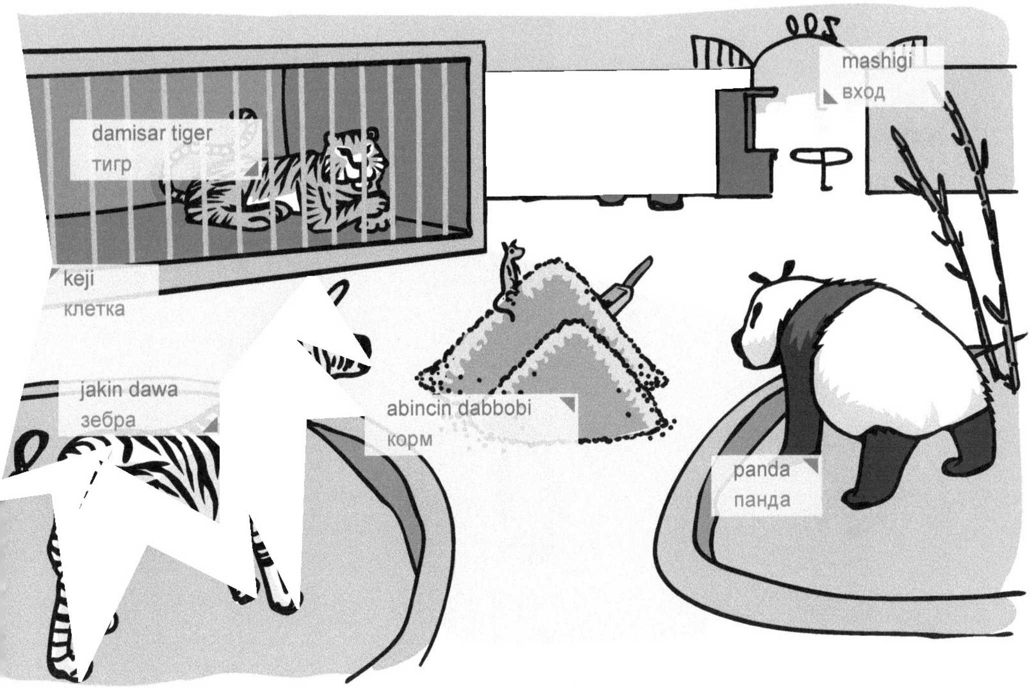

damisar tiger
тигр

mashigi
вход

keji
клетка

jakin dawa
зебра

abincin dabbobi
корм

panda
панда

dabbobi

животные

giwa

слон

babba-da-jaka

кенгуру

karkanda

носорог

goggon biri

горилла

dabbar bear

медведь

rakumi

верблюд

jimina

страус

zaki

лев

biri

обезьяна

dinya

фламинго

aku

попугай

bear ta yankin kankara

белый медведь

penguin

пингвин

kifin shark

акула

dawisu

павлин

maciji

змея

kada

крокодил

mai tsaro zu

служитель зоопарка

seal

тюлень

damisar jaguar

ягуар

gidan namun daji - зоопарк

dukushi

пони

damisar leopard

леопард

mugun dawa

бегемот

rakumin dawa

жираф

mikiya

орёл

aladen daji

кабан

kifi

рыба

kunkuru

черепаха

walrus

морж

dila

лиса

barewa

газель

kwallon kafar Amurka
американский футбол

tseren keke
езда на велосипеде

wasan tennis
теннис

kwallon kwando
баскетбол

ninkaya
плавание

dambe
бокс

kwallon gora na cikin kar
хоккей

kwallon kafa

футбол

badiminton

бадминтон

wasannin motsa jiki

лёгкая атлетика

kwallon hannu

гандбол

wasan kan kankara

лыжный спорт

kwallon dawaki

поло

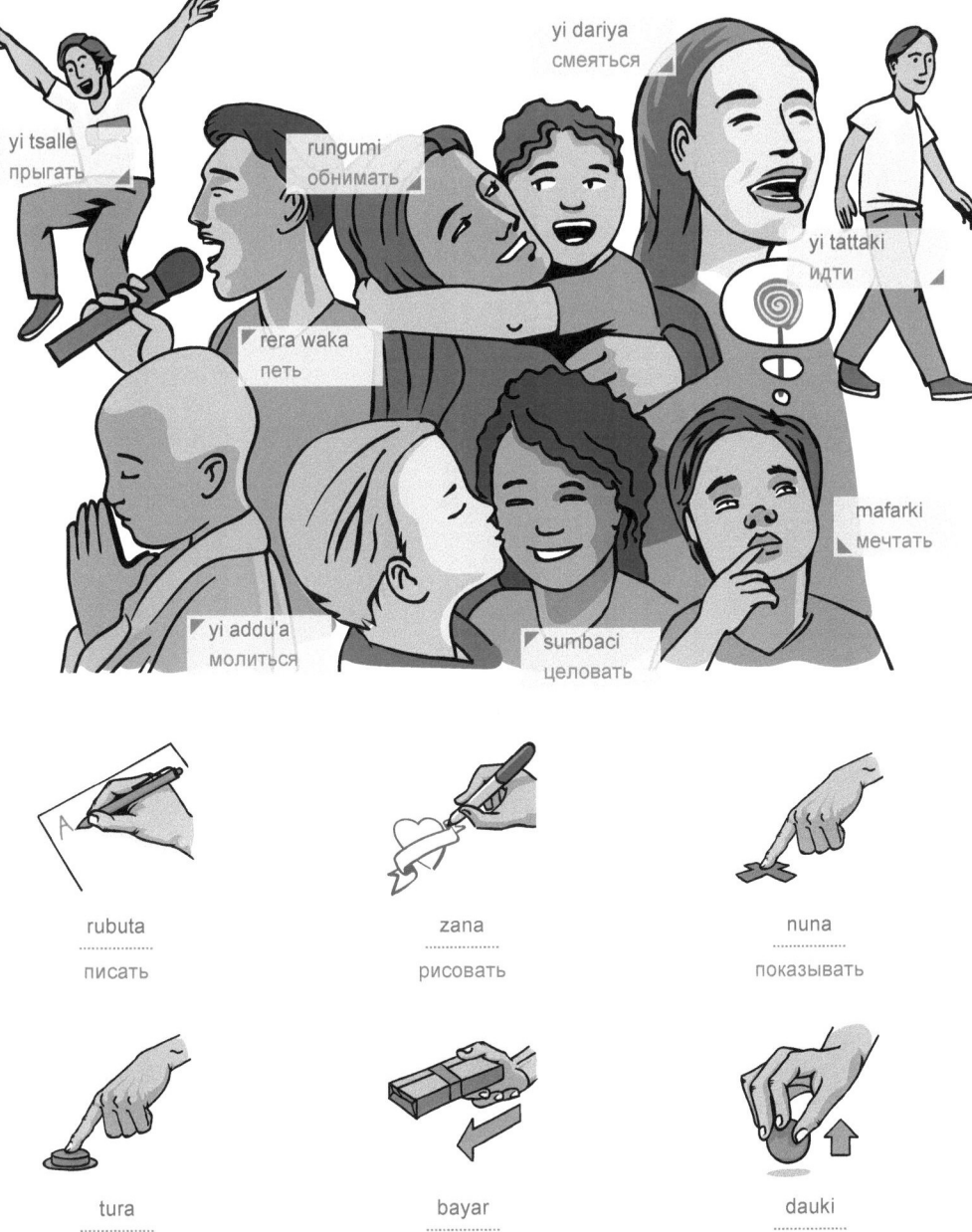

yi dariya
смеяться

yi tsalle
прыгать

rungumi
обнимать

yi tattaki
идти

rera waka
петь

mafarki
мечтать

yi addu'a
молиться

sumbaci
целовать

rubuta
писать

zana
рисовать

nuna
показывать

tura
нажимать

bayar
давать

dauki
брать

sami

иметь

yi

делать

kasance

быть

tsaya

стоять

gudu

бежать

jawo

тянуть

jefa

бросать

faduwa

падать

yi karya

лежать

jira

ждать

dauki

носить

zauna

сидеть

sanya tufafi

надевать

yi barci

спать

farka

просыпаться

kalli

рассматривать

kuka

плакать

bugi

гладить

taje

причесывать

yi magana

говорить

fahimci

понимать

tambayi

спрашивать

saurari

слушать

sha

пить

ci

кушать

tattare

наводить порядок

yi soyayya

любить

dafa

готовить

yi tuki

ехать

tashi

летать

tafi a kwalekwale

ходить под парусом

kwakuleta

считать

karanta

читать

koyi

учиться

yi aiki

работать

yi aure

вступать в брак

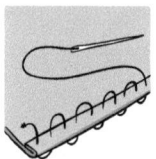

dinka

шить

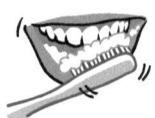

goge hakora

чистить зубы

kashe

убивать

busa taba

курить

aika

отправлять

kaka mace
бабушка

kaka namiji
дедушка

uba
папа

uwa
мама

jariri
младенец

ya
дочь

da
сын

bako

гость

gwaggo

тетя

kawu

дядя

dan'uwa

брат

yar'uwa

сестра

goshi
лоб

ido
глаз

kafada
плечо

yatsa
палец

fuska
лицо

ha'ba
подбородок

hannu
кисть

nono
грудь

kafa
нога

damtse
рука

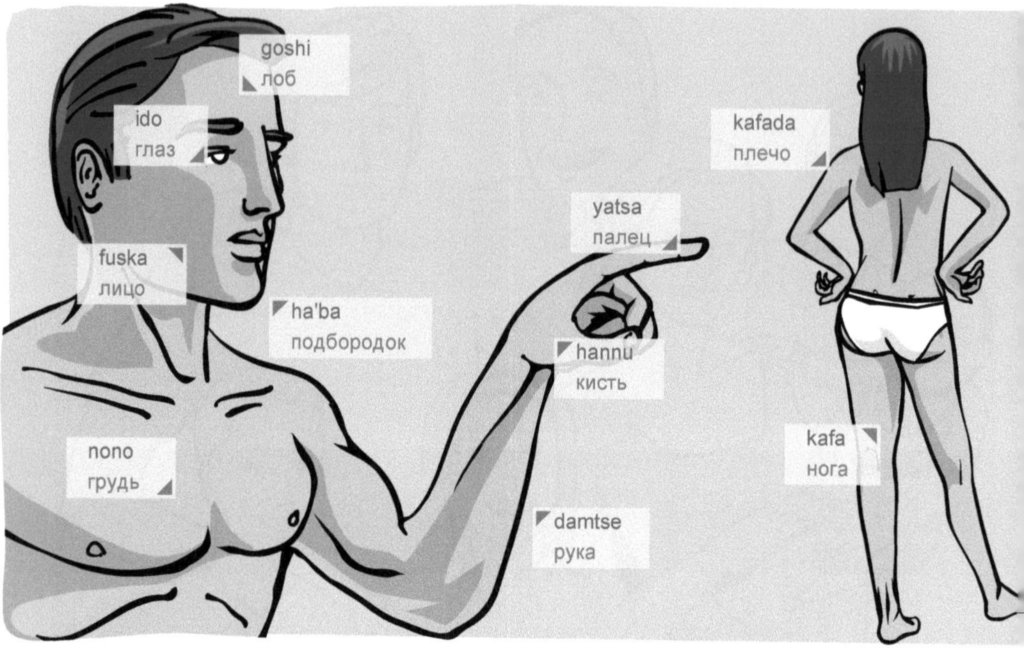

jariri

младенец

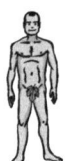

mutum

мужчина

mace

женщина

yarinya

девочка

yaro

мальчик

kai

голова

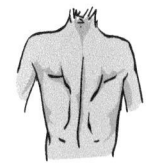

baya

спина

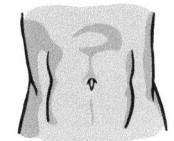

tulun ciki

живот

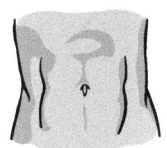

maballin ciki

пупок

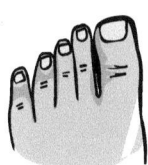

yatsan kafa

палец ноги

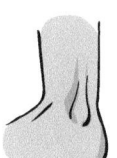

dudduge

пятка

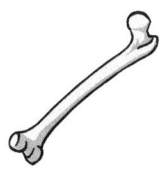

kashi

кость

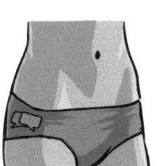

kugu

бедро

guiwa

колено

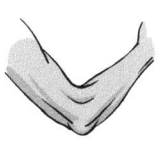

guiwar hannu

локоть

hanci

нос

kasa

ягодицы

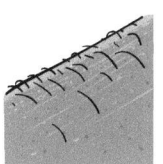

fata

кожа

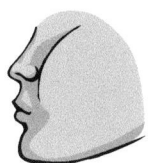

kumatu

щека

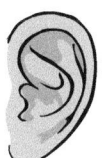

kunne

ухо

lebe

губа

wata

рот

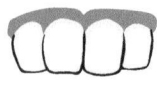

hakori

зуб

harshe

язык

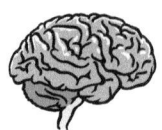

kwakwalwa

мозг

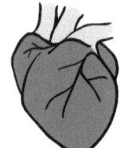

zuciya

сердце

kwanji

мышца

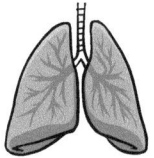

huhu

лёгкое

hanta

печень

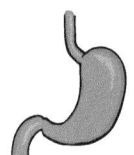

ciki

желудок

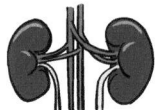

koda

почки

jima'i

половой акт

kwaroron roba

презерватив

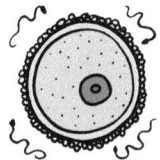

kwan mahaifa

яйцеклетка

maniyyi

сперма

juna-biyu

беременность

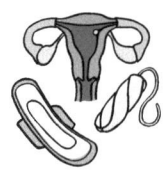

haila

менструация

farji

вагина

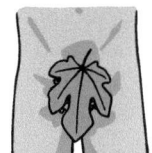

zakari

пенис

gira

бровь

gashi

волосы

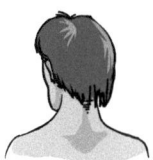

wuya

шея

больница

asibiti
больница
karaya
перелом

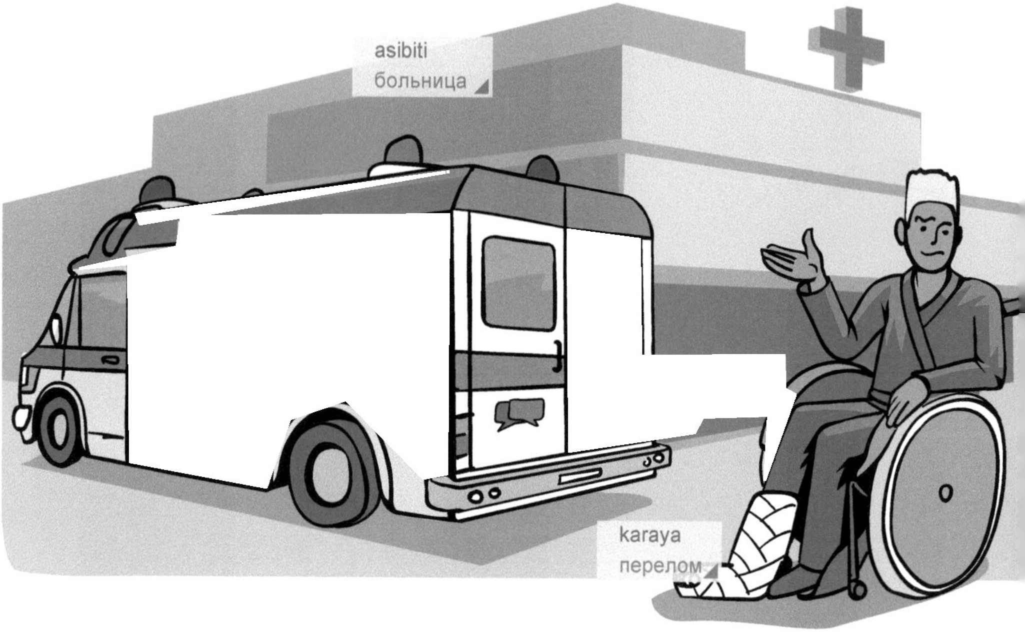

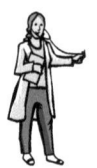

likita

врач

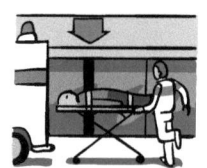

dakin kulawar gaggawa

пункт первой помощи

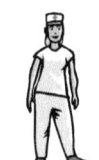

ma'aikaciyar jinya

медсестра

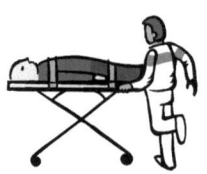

na gaggawa

неотложный случай

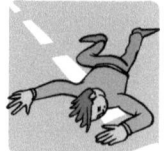

magashiyyan

без сознания

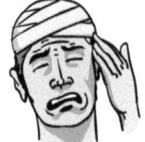

radadi

боль

rauni

повреждение

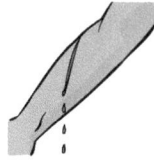

zubar jini

кровотечение

bugun zuciya

инфаркт

bugun jini

инсульт

kyan-jiki

аллергия

tari

кашель

zazzabi

повышенная температура

mura

грипп

gudawa

понос

ciwon kai

головная боль

cutar sankara

рак

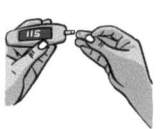

ciwon suga

диабет

likitan tiyata

хирург

wukar likita

скальпель

tiyata

операция

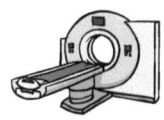

CT

....

КТ

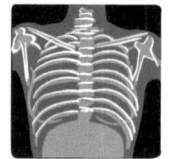

hoton kirji

....

рентген

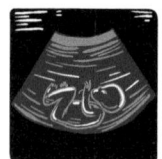

hoton ciki

....

ультразвук

marufin fuska

....

маска

cuta

....

болезнь

dakin jira

....

приёмная

madogari

....

костыль

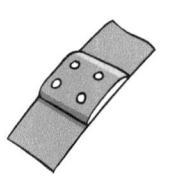

filasta

....

пластырь

bandeji

....

бинт

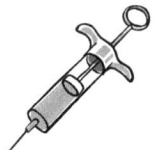

allura

....

укол

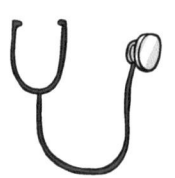

na'urar awon zuciya

....

стетоскоп

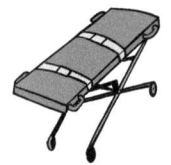

gadon daukar marar lafiya

....

носилки

na'urar auna zafin jiki

....

термометр

haihuwa

....

рождение

yawan nauyi

....

избыточный вес

abin kara ji

слуховой аппарат

sinadarin kashe kwayoyin cuta

дезинфекционное средство

kamuwar cuta

инфекция

kwayar cuta

вирус

Cutar Kanjamau

ВИЧ / СПИД

magani

лекарство

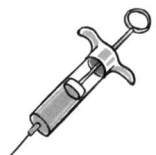

riga-kafi

прививка

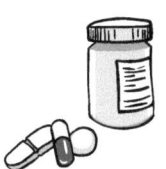

kwayoyin magani

таблетки

magani

противозачаточная таблетка

kiran gaggawa

экстренный вызов

ma'aunin hawan jini

прибор для измерения кровяного давления

cuta / lafiya

больной / здоровый

Taimako!

Помогите!

kararrawa

сигнал тревоги

farmaki

нападение

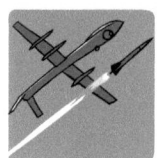

hari

атака

hatsari

опасность

kofar ko-takwana

запасной выход

Wuta!

Пожар!

abin kashe wuta

огнетушитель

hadari

несчастный случай

kayan taimakon gaggawa

аптечка

Neman taimako

SOS

dansanda

милиция

Turai

Европа

Amurka ta Arewa

Северная Америка

Amurka ta Kudu

Южная Америка

Afirka

Африка

Asiya

Азия

Australia

Австралия

Atlantika

Атлантический океан

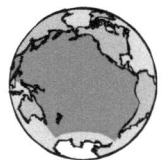

Pacific

Тихий океан

Tekun Indiya

Индийский океан

Tekun Antatika

Антарктический океан

Tekun Arctic

Северный Ледовитый
океан

Barin duniya na Arewa

Северный полюс

Barin duniya na Kudu

Южный полюс

Antatika

Антарктика

Kasa

земля

tsandauri

суша

kogi

море

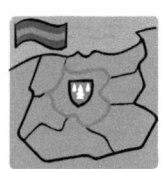

tsibiri

остров

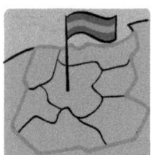

kasa

нация

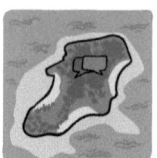

jiha

государство

fuskar agogo

циферблат

hannun awa

часовая стрелка

hannun mintuna

минутная стрелка

hannun dakika

секундная стрелка

Karfe nawa yanzu?

Который час?

rana

день

lokaci

время

yanzu

сейчас

agogon dijita

электронные часы

minti

минута

awa

час

неделя

jiya
вчера

yau
сегодня

gobe
завтра

safiya
утро

tsakar rana
полдень

yamma
вечер

ranakun kasuwanci
рабочие дни

karshen mako
выходные

80   mako - неделя

год

ruwan sama
дождь
bakan-gizo
радуга
dusar kankara
снег
iska
ветер
damina
весна
Kaka
осень
bazara
лето
lokacin sanyi
зима

4.APRIL 11°
5.APRIL 4°
6.APRIL 13°
7.APRIL 8°
8.APRIL 10°

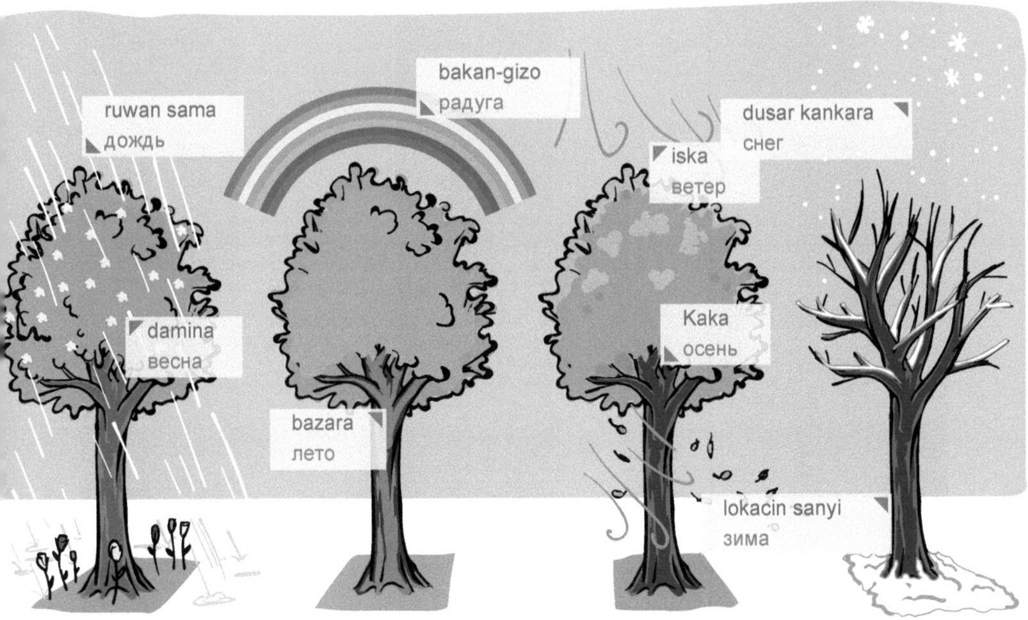

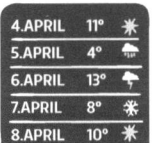

hasashen yanayi

прогноз погоды

F C
120 40
90 30
60 20
30 10
0 0
-30 -10
-20

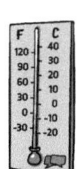

na'urar gwajin zafi da sanyi

термометр

hasken rana

солнечный свет

gajimare

туча

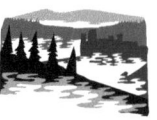

hazo

туман

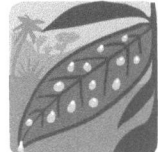

dumi

влажность воздуха

walkiya

молния

aradu

гром

guguwa

буря

kankarar ruwan sama

град

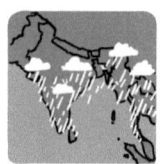

iskar bazara

муссон

ambaliyar ruwa

наводнение

kankara

лёд

Janairu

январь

Fabarairu

февраль

Maris

март

Afirilu

апрель

Mayu

май

Yuni

июнь

Yuli

июль

Agusta

август

Satumba

сентябрь

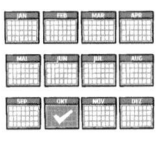

Oktoba

октябрь

Nuwamba

ноябрь

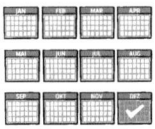

Disamba

декабрь

da'ira

круг

murabba'i

квадрат

kusurwa hudu

прямоугольник

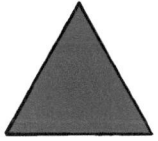

kusurwa uku

треугольник

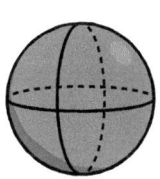

mulmulalle

шар

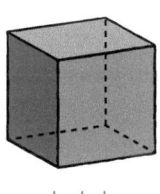

dunkule

куб

fari

белый

rawaya

желтый

ruwan lemo

оранжевый

ruwan shanshanbali

розовый

ja

красный

garura

лиловый

shudi

синий

kore

зелёный

ruwan kasa

коричневый

ruwan toka

серый

baki

черный

da yawa / kadan

много / мало

fushi / nutsuwa

яростный / мирный

kyakkyawa / mummuna

красивый / уродливый

farko / karshe

начало / конец

babba / karami

большой / маленький

mai haske / mai duhu

светлый / темный

dan uwa / 'yar uwa

брат / сестра

mai tsafta / kazami

чистый / грязный

cikakke / maras cika

полный / неполный

rana / dare

день / ночь

matacce / mai rai

мёртвый / живой

mai fadi / matsattse

широкий / узкий

na ci / ba na ci ba

съедобный / несъедобный

mugu / mai tausayi

злой / дружелюбный

mai karsashi / gajiyayye

взволнованный / скучающий

kakkaura / siriri

толстый / худой

na farko / na karshe

сначала / в конце

aboki / makiyi

друг / враг

cikakke / holoko

полный / пустой

mai tauri / mai laushi

твёрдый / мягкий

mai nauyi / marar nauyi

тяжёлый / легкий

yunwa / kishin ruwa

голод / жажда

cuta / lafiya

больной / здоровый

haramtacce / halastacce

незаконный / законный

mai basira / dakiki

умный / глупый

hagu / dama

слева / справа

kusa / nesa

близко / далеко

sabo / na-hannu

новый / подержанный

ba komai / wani abu

ничто / нечто

tsoho / yaro

старый / молодой

kunna / kashe

включено / выключено

a bude / a rufe

открыто / закрыто

shiru / kara

тихо / громко

mai arziki / talaka

богатый / бедный

daidai / bata

правильный /
неправильный

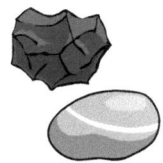

mai kaushi / mai santsi

шероховатый / гладкий

bakin ciki / farin ciki

печальный / счастливый

gajere / dogo

короткий / длинный

a sannu / da sauri

медленный / быстрый

jikakke / busasshe

мокрый / сухой

dumi / sanyi

тёплый / прохладный

yaki / zaman lafiya

война / мир

0

sifili

ноль

1

daya

один

2

biyu

два

3

uku

три

4

hudu

четыре

5

biyar

пять

6

shida

шесть

7

bakwai

семь

8

takwas

восемь

9

tara

девять

10

goma

десять

11

goma sha daya

одиннадцать

12

goma sha biyu

двенадцать

13

goma sha uku

тринадцать

14

goma sha hudu

четырнадцать

15

goma sha biyar

пятнадцать

16

goma sha shida

шестнадцать

17

goma sha bakwai

семнадцать

18

goma sha takwas

восемнадцать

19

goma sha tara

девятнадцать

20

ashirin

двадцать

100

dari

сто

1.000

dubu

тысяча

1.000.000

miliyan

миллион

Turanci

английский

Turancin Amurka

американский английский

Mandarin na China

мандаринский китайский

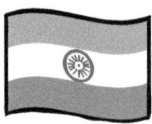

Hindi

хинди

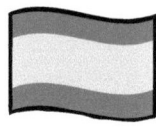

Sifaniyanci

испанский

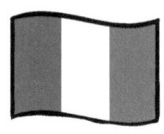

Faransanci

французский

Larabci

арабский

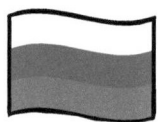

Yaren Rasha

русский

Yaren Portugal

португальский

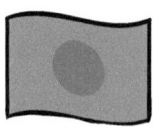

Bengali

бенгальский

Yaren Jamus

немецкий

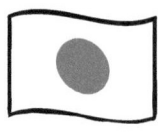

Yaren Japan

японский

ni
я

kai
ты

shi / ita / ita
он / она / оно

mu
мы

ku
вы

su
они

wa?
кто?

me?
что?

ya ya?
как?

a ina?
где?

yaushe?
когда?

suna
имя

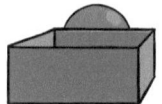

a baya

за

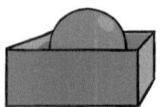

a ciki

в

a gaban

перед

saman

над

akai

на

karkashi

под

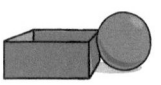

a gefe

рядом

a tsakani

между

wuri

место